AF264131

AUX ÉLECTEURS

LE 16 MAI

SIMPLES RÉFLEXIONS

SUR SES **ORIGINES** ET SA **NÉCESSITÉ**

PARIS

E. DENTU, LIBRAIRE-ÉDITEUR

PALAIS-ROYAL, 17 ET 19, (GALERIE D'ORLÉANS)

—

1877

LE 16 MAI

SIMPLES RÉFLEXIONS
SUR SES ORIGINES ET SA NÉCESSITÉ

ÉLECTEURS !

On vous dit et on écrit chaque jour que l'acte du 16 mai, tout en étant parfaitement légal, est une atteinte portée à la souveraineté nationale par ceux-là mêmes qui ont pour devoir et pour mission de lui obéir et d'exécuter ses volontés.

Voyons ensemble si ces accusations sont fondées.

Et pour cela, remontons d'abord à l'origine des pouvoirs du Maréchal.

L'Assemblée de 1871.

M. Thiers avait dit, du haut de la tribune, alors qu'il était le chef du pouvoir exécutif : « La République sera conservatrice ou elle ne sera pas. »

Cela signifie que la France, qui a traversé les siècles de l'histoire sous le régime de l'hérédité dans le pouvoir, qui a grandi et s'est développée sous ce régime, en acceptant aujourd'hui de vivre avec la forme de gouvernement que les circonstances lui ont donnée, la France n'a pas entendu renier pour cela ses illustres origines :

Elle a voulu conserver du passé ces nobles traditions d'ordre et de stabilité qui font la force des nations et qui firent sa grandeur ;

Elle a voulu que l'union de tous les partis vînt aider au relèvement de ses ruines et au retour de sa prospérité.

Elle répudiait ainsi et plaçait au nombre de ses mauvais citoyens tous ceux qui venaient troubler sa tranquillité et son œuvre de réorganisation, en cherchant dans les souvenirs les plus tristes de nos annales révolutionnaires les plus funestes exemples.

Voilà ce que voulait la France, voilà ce qu'elle veut encore, voilà aussi ce que voulait M. Thiers, chef du pouvoir exécutif, lorsque les destinées du pays furent mises entre ses mains.

Bientôt cependant ce grand citoyen oubliait ses propres paroles, et prenait pour la voix elle-même du pays les clameurs confuses de quelques villes qui venaient d'envoyer à l'Assemblée, par des élections partielles, des députés ennemis de la famille et de la société.

Il modifia donc sa politique et fit un pas décisif vers ceux qu'il avait combattus toute sa vie et qui n'avaient cessé d'être les adversaires acharnés de tout gouvernement régulier.

L'Assemblée nationale refusa de le suivre dans cette voie ; à la suite d'un vote solennel, elle le remplaça par un vaillant soldat, le Maréchal de Mac-Mahon, qui n'appartenait à aucun parti politique et dont l'honneur, la loyauté et le courage étaient devenus légendaires en Europe.

Pour justifier la confiance de l'Assemblée, qui venait de l'élire Président de la République au nom du pays, et pour se montrer digne de son glorieux passé, que devait faire le Maréchal ?

Il devait obéir aux volontés des représentants de la France, qui lui disaient de marcher dans la voie conservatrice et plus tard de faire observer fidèlement la Constitution dont ils lui donnaient la garde.

Il s'adressa donc au patriotisme de tous les partis pour établir les bases du gouvernement, qui était le gouvernement de la République. — La plupart de ces partis répondirent à son appel, mais il y en eut un qui ne désarma point et chercha, dès l'origine à lui créer les plus graves difficultés.

Au nombre des députés ennemis de la stabilité dans le pouvoir et de l'union dans les esprits, se trouvaient des hommes qui n'avaient cessé de faire de l'opposition à tous les gouvernements dont ils n'étaient pas et qui, une fois au pouvoir, s'étaient montrés incapables ou indignes de le conserver. Quelques-uns d'entre eux allaient même jusqu'à vouloir une République sans président, comme s'il était plus facile à un Etat qu'à une association de particuliers de se priver d'un chef!

Ils n'étaient alors qu'une minorité, mais s'il ne leur fut pas possible de faire triompher leurs idées, ils n'en entravèrent pas moins les efforts de l'Assemblée et du Maréchal pour maintenir la République dans la seule voie où elle pût progresser et s'affermir, dans la voie conservatrice.

L'Assemblée de 1876. — Sa majorité.

Ces députés se trouvèrent malheureusement en majorité dans la Chambre des députés qui succéda, en 1876, à l'Assemblée nationale.

Ils avaient réussi, lors des élections qui eurent lieu à cette époque, à vous tromper sur vos véritables intérêts et sur leurs véritables intentions.

Ils vous avaient dit, pour obtenir vos suffrages, qu'ils étaient les partisans du Maréchal, quand ils ne devaient cesser de le combattre une fois nommés;

Ils vous avaient promis de s'occuper exclusivement des affaires du pays, de différer jusqu'en 1880 toute question de politique, et ils donnèrent à l'Europe entière, dès leur réunion, le spectacle attristant des discussions les plus ardentes comme les plus stériles.

Ils ne paraissaient plus se souvenir des paroles de M. Thiers : « La République sera conserva- « trice ou elle ne sera pas », ni du traité d'alliance qui avait été fait entre tous les partis lors du vote de la Constitution.

Ils préférèrent se laisser emporter par leurs passions et par leurs ambitions personnelles.

Le Sénat.

Mais ce qu'ils oubliaient, le Maréchal et le Sénat avaient mission de se le rappeler.

Et ici, laissez-moi vous dire un mot de cette haute Assemblée dont je ne vous ai pas encore parlé.

On a répété bien souvent qu'elle ne représentait pas complétement le pays, que les opinions de la plupart de ses membres n'étaient plus de notre temps, etc.

En résumé, le Sénat serait plutôt une entrave au fonctionnement régulier de nos institutions, qu'un rouage nécessaire de ces mêmes institutions.

Vous penserez, sans doute comme moi, que pour parler ainsi d'une grande réunion d'hommes instruits et ayant pour eux l'expérience que donne l'âge, il faut être soi-même ou bien ignorant, ou bien jaloux de toute supériorité.

D'abord, il est inexact que les sénateurs ne soient pas, eux aussi, les représentants des électeurs.

En effet, comment sont-ils nommés?

Ils sont nommés par vos conseillers municipaux, par vos conseillers généraux et d'arrondissement, c'est-à-dire par des gens que vous connaissez, que vous estimez, avec lesquels vous vivez continuellement et qui ont toute votre confiance.

N'êtes-vous pas, d'ailleurs, d'avis que dans une nation comme dans une famille, il est bon qu'à côté des générations nouvelles se trouvent des représentants du passé qui puissent les faire profiter de ce qu'ils ont vu et appris avant elles?

Ainsi, si vous le voulez bien, et sans m'appesantir davantage sur ce point, nous dirons que le Sénat et la Chambre des députés sont de grandes assemblées également nécessaires à un grand pays comme le nôtre et qu'elles remplissent l'une et l'autre un rôle également important.

Que fallait-il faire?

Revenons maintenant à la conduite que les événements dictaient au Maréchal et au Sénat.

Ils avaient compris tous les deux que, du moment où ils se trouvaient préposés à la garde de la Constitution et à son fonctionnement, leur premier devoir était de rechercher très-exactement dans quelles circonstances cette Constitution avait été votée, et quel but s'étaient proposé ses auteurs, c'est-à-dire les membres de l'Assemblée nationale.

Pour bien se rendre compte, en effet, de la portée et des conséquences d'un acte quelconque, tout homme sage et avisé doit en examiner les causes.

Comment a été votée la Constitution.
Comment elle a été observée.

Or, pourquoi l'Assemblée nationale, celle que vous aviez nommée en 1871 et qui n'était pas républicaine, avait-elle voté une Constitution républicaine?

Par une raison bien simple : il y avait dans cette Assemblée des orléanistes, des légitimistes et des bonapartistes. Lorsqu'ils eurent accompli ensemble les grandes choses qui ont, après la guerre, relevé la France aux yeux de l'Europe, il fallut en arriver à décider comment on serait gouverné.

Alors on se divisa, les uns voulaient un roi, les autres un empereur, les troisièmes la République, et, parmi ces derniers, il y avait aussi de grandes discussions pour savoir si on établirait la République de 93 ou bien celle de 48, de M. Gambetta, de M. Naquet, de M. Louis Blanc ou de M. Thiers.

Comme ils ne pouvaient s'entendre, mais qu'avant tout la majorité, qui était conservatrice, songeait au bien du pays, ils dirent ceci : « Nous « avons à notre tête un homme courageux et loyal, « un brave soldat, le Maréchal de Mac-Mahon ; « il sera notre Président pour sept ans, jus- « qu'en 1880 ; pendant sept ans nous vivrons en « République et si nous nous trouvons heureux « sous ce gouvernement, eh bien, en 1880, nous le « maintiendrons. »

Chacun y mit du sien dans la majorité, et tout alla pendant quelque temps, jusqu'en 1876, aussi bien que pouvait le permettre l'opposition systématique d'une minorité insatiable et turbulente.

Mais voilà que la nouvelle Chambre, qui fut

nommée à cette époque, ne se souvint plus, ainsi que je l'ai dit, de tout cela et voulut mettre en pratique des théories dont l'application présentait les plus graves dangers ainsi qu'on avait pu en juger en 93 et en 48. Car rien n'était nouveau dans ses plans de réorganisation ou plutôt de dissolution sociale ; rien n'était imaginé par elle qui n'eût été déjà condamné par le bon sens public et qui ne fût en opposition avec les lois éternelles et immuables qui président à la marche des sociétés, sous quelque gouvernement que ce soit.

Elle commença donc par renverser un ministère et se mit aussitôt à couper et tailler dans toutes les lois anciennes ou récentes, de telle sorte qu'on ne savait plus ce qui était la loi ou ce qui ne l'était pas.

Le Maréchal, comme vous le comprenez, ne pouvait voir sans inquiétude qu'on démolît toujours sans jamais rebâtir et il songeait, en même temps, que ce n'était pas assurément pour voir faire cette besogne qu'on l'avait nommé en 1873.

Cependant comme il espérait que cela ne durerait pas, et qu'on pourrait s'arranger, il attendit et se résigna à être blâmé, à cause de cela, par ceux qui l'avaient mis au pouvoir.

Mais quand il vit que cet état de choses continuait, et que ses ministres les plus libéraux, qu'il avait choisis parmi les nouveaux députés, étaient renversés tour à tour par leurs amis, ou se servaient de la position élevée qu'ils lui devaient pour le combattre; et que, d'un autre côté, les affaires ne marchaient pas, il se dit que le pays serait le meilleur juge de la situation et il n'hésita pas à se présenter devant vous après avoir demandé au Sénat la dissolution de la Chambre, comme la Constitution elle-même l'avait réglé.

Et c'est ainsi qu'a eu lieu le 16 mai.

« Voilà qui est à merveille, direz-vous : le Maré-
« chal a pensé que la Constitution, qui a été faite
« pour lui et dont il répond devant vous et devant
« l'histoire, n'était pas bien appliquée par la Cham-
« bre et il en a appelé à la nation ; c'est l'acte d'un
« honnête homme et d'un loyal soldat.

« Mais comment se fait-il qu'il ait choisi pour ses
« ministres, depuis le 16 mai, et qu'il présente au
« choix des électeurs des hommes qui ne sont pas
« connus pour républicains? ne sommes-nous pas
« pourtant en République? »

Eh bien ! en voici la raison :

Je vous ai parlé plus haut de l'Assemblée nationale, qui a nommé le maréchal et rédigé la Constitution actuelle, et je vous ai dit que ses membres n'ayant pu tomber d'accord sur le choix d'un souverain, avaient décidé qu'on vivrait en République jusqu'en 1880.

Or cette Assemblée, je vous l'ai encore fait remarquer, se composait en majorité d'orléanistes, de légitimistes et de bonapartistes.

Eh bien! ce sont ces mêmes hommes qui sont aujourd'hui au pouvoir; ceux je le répète, qui en 1875, ont voté la Constitution républicaine qui nous régit.

Ont-ils, depuis lors, changé de manière de voir et peuvent-ils, en ce moment, vouloir ce qu'ils jugeaient impossible il y a deux ans, c'est-à-dire, le rétablissement d'un roi ou d'un empereur?

Nullement, et il y a à cela d'excellentes raisons :

Leur œuvre constituante a reçu, à différentes reprises, votre sanction souveraine;

Ils sont divisés aujourd'hui comme ils l'étaient lorsqu'ils ont voté la Constitution républicaine, et les causes de ces divisions ne peuvent disparaître de sitôt,

Enfin le Maréchal a donné devant vous et devant l'Europe sa parole de soldat qu'il ne changerait rien à la Constitution.

Pour quels candidats faut-il voter?

Ainsi, en allant au scrutin, ne vous préoccupez pas des opinions particulières des candidats qui se présentent à vos suffrages au nom du Maréchal.

Par devoir, par patriotisme et par intérêt, ils maintiendront la République.

Comptez donc entièrement sur le Maréchal de Mac-Mahon, qui n'a jamais trahi aucune cause et qui ne saurait tromper son pays, pour lequel il a exposé glorieusement sa vie sur les champs de bataille de Malakoff, de Magenta et de Reischoffen.

Votez pour les candidats qui ont sa confiance, et souvenez-vous, le 14 octobre, avant de déposer votre bulletin dans l'urne, que la durée des Républiques, comme de tout autre gouvernement, dépend toujours de la sagesse et de la modération de ceux qui sont appelés à les diriger.

Paris. — E. de Soye et Fils, imp., pl. du Panthéon, 5.